DON BOSCO

Daniel Seiler

Die 50 besten Stadtspiele

DON BOSCO
MiniSpielothek

Gerne nehmen wir Ihre Anregungen,
Wünsche, Kritik oder Fragen entgegen:
Don Bosco Medien GmbH, Sieboldstraße 11, 81669 München
anregungen@donbosco-medien.de
Servicetelefon: 089 / 48008-341

Bibliografische Information der Deutschen Nationalbibliothek

Die Deutsche Nationalbibliothek verzeichnet diese Publikation in der Deutschen Nationalbibliografie; detaillierte bibliografische Daten sind im Internet über http://dnb.d-nb.de abrufbar.

1. Auflage 2019 / ISBN 978-3-7698-2398-1

www.donbosco-medien.de
Umschlag: Don Bosco Medien GmbH, München
Umschlaggrafik: giorgos245/iStockphoto.com
Layout: Alexandra Paulus
Satz: Don Bosco Medien GmbH, München
Druck: Don Bosco Druck & Design, Ensdorf

Gedruckt auf umweltfreundlichem Papier

Inhalt

Abenteuer sind erstrebenswert.

Aristoteles

Spiele zum Erkunden einer Stadt

Wettrennen durch die Stadt

Dieses Spiel eignet sich für Großstädte: In Kleingruppen und ohne jegliche technische Unterstützung wie Smartphones o. Ä. müssen die Mitspieler von einem Ort zum anderen kommen. Sie erhalten lediglich Tickets für den Nahverkehr. Das Spiel ist besonders spannend, wenn es verschiedene Verkehrsmittel wie U-Bahn, Straßenbahn und Bus zu nutzen gilt. Am Ziel wartet die Spielleitung und die Gruppe, die am schnellsten unterwegs war, gewinnt.

Hinweis

Es bietet sich an, dass eine Begleitperson mit den Kleingruppen mitgeht oder bei älteren Mitspielern eine Person über das Handy zu erreichen ist.

Material

ÖPNV-Tickets

Straßenbahnjagd

Die Mitspieler haben in Kleingruppen ca. vier Stunden Zeit (Dauer abhängig von der Größe der Stadt), um möglichst viele Endhaltestellen von U-Bahn-, S-Bahn- oder Bus-Linien abzufahren und dort ein Foto mit dem Smartphone zu machen. Pro Endhaltestelle erhalten die Teams fünf Punkte. Welche Gruppe sammelt am meisten Punkte?

Variation

Unterwegs müssen die Mitspieler möglichst viele vorbereitete Fragen über die Stadt beantworten und können damit zusätzlich Punkte sammeln. Die Fragen können sie selbst beantworten oder Mitfahrende in den Bahnen und Bussen befragen.

Material

Smartphones, pro Mitspieler eine Tageskarte für den ÖPNV, evtl. vorbereitete Fragen

Stempel sammeln

Die Mitspieler werden in Kleingruppen eingeteilt und erhalten jeweils einen Vordruck, auf dem Felder für verschiedene Geschäfte vorgesehen sind. In einer Stunde müssen die Mitspieler versuchen, möglichst jedes Feld mit einem Stempel aus einem passenden Geschäft zu füllen. Geeignete Geschäfte können beispielsweise sein: Friseur, Kosmetiker, Kaufhaus, Fleischer oder Hutmacher.
Am Ende der Zeit müssen alle Kleingruppen an einem zuvor festgelegten Ort eintreffen und ihre Stempel vorlegen. Welche Gruppe war am erfolgreichsten bei der Stempeljagd?

Material

pro Kleingruppe Vordrucke mit Feldern für Stempel

Foto-Rallye

Die Mitspieler erhalten in Kleingruppen eine Liste mit Aufgaben, für die sie 60–120 Minuten Zeit bekommen. Bei allen Aufgaben müssen die Gruppen als Beweis ein entsprechendes Foto mit dem Smartphone machen. Die Gruppe, die die meisten Aufgaben erledigt, gewinnt das Spiel. Passende Aufgaben können beispielsweise sein:

- Macht ein Selfie mit einem Polizisten!
- Fotografiert euch in einem Sandkasten!
- Besteigt einen Kirchturm und macht ein Gruppenfoto dort oben!
- Singt in einem Altenheim ein Lied im Chor!
- Macht ein Bild von einem Ortsschild!
- Legt mit euren Körpern Buchstaben und schreibt so euren Gruppennamen!
- Macht ein Foto mit dem Bürgermeister!
- Fotografiert etwas Blaues!

Material

Smartphones, Aufgabenliste

Geräusche einer Stadt

Im Vorfeld dieses Spiels nimmt die Spielleitung unterschiedliche, typische Geräusche der Stadt auf. Dies kann z. B. mit einem Smartphone gemacht werden. Der Gruppe werden diese Geräusche vorgespielt. Wer zuerst errät, um welchen Ort es sich handelt, sammelt einen Punkt. Wer erhält die meisten Punkte?

Beispiele für Geräusche

- Läuten einer Kirchturmglocke
- Marktschreier
- U-Bahn-Ansage
- Kassengeräusche in einem Supermarkt

Variation

Das Spiel lässt sich auch als Rallye spielen: Nachdem das Geräusch abgespielt wurde, müssen die Mitspieler zu diesem Ort laufen. Dass der Ort richtig ist, erkennen die Mitspieler daran, dass dort ein Jugendleiter auf sie wartet. Dort hören sie sich ein weiteres Geräusch an und laufen daraufhin zum nächsten Ort.

Die Kleingruppe, die zuerst alle Geräusche erkannt und die Orte besucht hat, gewinnt.

Material

vorbereitete Audio-Aufnahmen

Silhouetten finden

Die Mitspieler erhalten die Silhouetten markanter Gebäude der Stadt. Diese Gebäude müssen sie aufsuchen und vor Ort herausfinden, wann sie erbaut wurden. Smartphones dürfen zur Recherche nicht genutzt werden und Passanten dürfen nicht befragt werden. Dieses Spiel kann entweder alleine oder in Kleingruppen gespielt werden. Für jedes gefundene Gebäude gibt es einen Punkt, für das Jahr der Erbauung einen weiteren. Wer nach Ablauf der Zeit die meisten richtigen Antworten gesammelt hat, gewinnt.

Material

vorgedruckte Silhouetten markanter Gebäude

Straßen-Bingo

Jeder Mitspieler oder jede Kleingruppe erhält einen Bingoschein, auf dem Straßennamen eingetragen sind, die Namen von berühmten Persönlichkeiten enthalten. Die Mitspieler müssen diese Straßen finden, dort vor dem Straßenschild ein Foto mit dem Smartphone machen und auf dem Bingoschein das Feld abstreichen. Die Gruppe, die zuerst eine Linie auf dem Bingoschein waagrecht, senkrecht oder diagonal vollständig abgestrichen hat, gewinnt das Spiel.

Material

Bingoscheine mit Straßennamen, Stifte, Smartphones

Stadt-Safari

Die Mitspieler begeben sich in Kleingruppen auf Stadt-Safari. In vielen Städten gibt es Häuser, die nach Tieren benannt sind, z. B. „Haus zum goldenen Schwan“ oder „Zum braunen Bären“. Die Mitspieler müssen in der vorgegebenen Zeit möglichst viele solcher Häuser finden und diese mit ihrem Smartphone fotografieren. Die Gruppe, die die meisten Häuser entdeckt und fotografiert, gewinnt die Stadt-Safari.

Material

pro Kleingruppe ein Smartphone

Ich fahre mit der Straßenbahn

Wie beim Spiel „Ich packe meinen Koffer“ nennen die Spieler jeweils eine Haltestelle einer Straßenbahn- oder Buslinie der Stadt, die erkundet werden soll. Jeder Mitspieler kommt dabei im Kreis an die Reihe und muss zuerst die Haltestellen nennen, die die Mitspieler vor ihm bereits genannt haben. Die Spielleitung achtet darauf, dass die Haltestellen in der richtigen Reihenfolge genannt werden. Kennen sich die Mitspieler gut in der Stadt aus und machen keine Fehler?

Material

Straßenbahn- oder Busplan

Stadtteil, Geschäft, Sehenswürdigkeit

Die Mitspieler erhalten jeweils einen Bogen, der wie beim Spiel „Stadt, Land, Fluss“ aufgebaut ist.
Als Überschriften für die jeweiligen Spalten werden allerdings Begriffe verwendet, zu denen in der Stadt passende Namen zu finden sind, beispielsweise: Stadtteil, Geschäft, Sehenswürdigkeit, Café, Haltestelle. Zentral in der Stadt wird ein Buchstabe ausgelost und die Mitspieler haben 5 Minuten Zeit, um zu dem Buchstaben alle Felder zu füllen.
Für jedes richtig ausgefüllte Feld erhalten die Mitspieler 10 Punkte, wenn kein anderer Mitspieler die identische Antwort hat. Haben zwei oder mehr Spieler die gleiche Antwort gegeben, erhalten sie 5 Punkte. Hat nur ein Mitspieler das Feld richtig ausgefüllt, bekommt er 20 Punkte.
Wer sammelt die meisten Punkte?

Hinweis

Ein Download-Bogen für dieses Spiel ist im Jugendleiter-Blog zu finden. (https://www.jugendleiter-blog.de/downloads-jugendarbeit/)

Material

vorbereitete Bögen, Stifte

Spiele mit Straßenmalkreide

Punkte im Kopf verbinden

Die Spielleitung malt im Vorfeld verschiedene Gegenstände auf den Asphalt. Dabei malt sie nur die Eckpunkte der Gegenstände auf und nicht die verbindenden Linien.
Die Mitspieler müssen anschließend raten, um welche Gegenstände es sich bei den Punkten handelt. Kommt die Gruppe nicht auf die Lösung, kann die Spielleitung nach und nach Verbindungslinien einzeichnen.

Variation

Schwieriger wird das Spiel, wenn mehrere Gegenstände auf derselben Fläche gezeichnet werden. Dabei sollte allerdings jeder Gegenstand eine eigene Kreidefarbe haben, damit die Aufgabe lösbar ist.

Material

Straßenmalkreide

Rasende Fahrer

Gemeinsam malen die Mitspieler mit Kreide auf einen großen Platz eine Rennstrecke auf, die etwas breiter als ein Bobbycar ist. Die Strecke sollte auch enge Kurven und Hindernisse haben. Anschließend darf jeder Mitspieler mit einem Bobbycar zwei Runden auf dieser Strecke drehen: die erste als Probe und die zweite als echte Rennrunde. Die Spielleitung misst die Zeit. Verlässt ein Mitspieler die Strecke, werden dafür Strafsekunden zur Zeit addiert.
Welcher Mitspieler ist der sicherste und schnellste Fahrer?

Variation

Die Mitspieler spielen paarweise zusammen.
Der Fahrer des Bobbycars bekommt dabei die Augen verbunden und wird auf der Strecke vom Partner dirigiert. Wie gut können die beiden Mitspieler als Paar zusammenarbeiten und die Aufgabe meistern?

Material

Straßenmalkreide, Bobbycars, Stoppuhr, evtl. Augenbinde

Rechenkünstler

Die Mitspieler malen auf den Asphalt gemeinsam Felder, die mit den Ziffern von 1 bis 10 gekennzeichnet sind. Dabei gilt: Je größer die Zahl ist, umso kleiner ist das Feld. Im Anschluss stellen sich die Spieler an einer Linie auf, die etwa drei bis vier Meter entfernt ist, und erhalten von der Spielleitung kleine Steine. Jeder Mitspieler erhält dabei Steine in einer anderen Farbe, sodass die Steine unterschieden werden können.
Die Spielleitung stellt der Gruppe Rechenaufgaben, deren Schwierigkeitsgrad an das Alter der Mitspieler angepasst ist. Die Mitspieler lösen die Aufgabe im Kopf und werfen anschließend ihre Steine so auf die Felder, dass die Summe der Felder, in denen Steine des jeweiligen Spielers liegen, der Lösung der Rechnung entsprechen. Welcher Spieler hat am Ende des Spiels am häufigsten richtig gerechnet und die passenden Felder getroffen?

Material

Straßenmalkreide, kleine Steine in verschiedenen Farben

Wer ist das denn?

Ein Mitspieler bekommt die Augen verbunden und muss einige Minuten blind warten. In dieser Zeit wird auf den Asphalt der Umriss eines anderen Mitspielers mit Straßenmalkreide aufgemalt. Dabei sollte möglichst genau gearbeitet werden, damit der ausgewählte Spieler später eine Chance hat, das Rätsel zu lösen. Nachdem der Umriss aufgemalt wurde, darf der Spieler seine Augenbinde abnehmen. Er muss nun raten, von wem der Umriss stammt.

Hinweis

Wenn es für den Mitspieler zu schwierig ist, den Umriss zu erkennen, kann die Figur weiter ausgemalt und so um Hinweise zum Mitspieler ergänzt werden. Dabei können nach und nach markante Eigenschaften des Mitspielers ergänzt werden, zum Beispiel eine Brille, ein Hinweis auf ein Hobby oder ein Haustier.

Material

Straßenmalkreide, Augenbinde

Freiheit erkämpfen

Ein großes Quadrat mit 10 mal 10 Feldern wird aufgemalt. Dabei sollte jedes Feld groß genug sein, dass ein Mitspieler darin stehen kann.
In jede Ecke des Quadrats stellt sich ein Mitspieler. Die Spielleitung gibt im Rhythmus von 15 Sekunden Zeichen. Auf dieses Zeichen hin müssen die Mitspieler jeweils ein Feld weiterziehen und das soeben verlassene Feld durchstreichen. Ein durchgestrichenes Feld darf nicht noch einmal betreten werden – egal, von welchem Mitspieler. Sollte ein Mitspieler eingekesselt sein und nicht mehr weiterlaufen können, scheidet er aus. Welcher Mitspieler kann sich am längsten fortbewegen und gewinnt so den Freiheitskampf?

Material

Straßenmalkreide

Murmel-Zielscheibe

Mit Straßenmalkreide wird eine Zielscheibe aus fünf Ringen aufgemalt. Je weiter in der Mitte ein Ring liegt, umso mehr Punkte bringt dieser Abschnitt. Jeder Mitspieler erhält drei Murmeln und sammelt nun möglichst viele Punkte, indem die Murmeln auf die Zielscheibe gerollt werden.
Der Mitspieler mit den meisten Punkten erhält als Gewinn eine kleine Süßigkeit. Die Punkte werden dabei erst gezählt, wenn jeder Mitspieler seine drei Murmeln auf die Zielscheibe gerollt hat. Jeder Mitspieler kann dabei auch Murmeln eines anderen Mitspielers aus dem Kreis schießen.

Material

Straßenmalkreide, Süßigkeiten, pro Spieler drei Murmeln

Figuren vervollständigen

Die Mitspieler werden in Kleingruppen mit jeweils drei bis fünf Spielern eingeteilt. Mit Straßenmalkreide malt die Spielleitung für jede Gruppe erste Teile einer Figur auf den Asphalt, z. B. einen Arm, ein Ohr und einen Fuß. In möglichst kurzer Zeit müssen die Gruppen versuchen, mit Naturmaterialien, die sie rund um den Spielort finden, die Umrisse der Figur zu vervollständigen. Welche Kleingruppe ist am schnellsten?

Hinweis

Die Mitspieler dürfen dabei natürlich keine Äste abreißen oder andere Pflanzen beschädigen.

Material

Straßenmalkreide

Abc-Werfen

Die Spielleitung malt ein Quadrat mit 16 Feldern auf den Boden und schreibt beliebige Buchstaben in die Felder. Aus einer Entfernung von zwei bis drei Metern werfen die Mitspieler nacheinander einen Stein auf das Quadrat. Sobald der Stein in einem Feld gelandet ist, müssen die Mitspieler loslaufen und einen Gegenstand finden, der mit diesem Buchstaben beginnt. Der Spieler, der zuletzt etwas findet, scheidet aus.
Wer ist der erfolgreichste Spieler, der alle Spielrunden übersteht?

Material

Straßenmalkreide, Stein

Eisschollen-Sprung

Die Spielleitung malt mit Straßenmalkreide verschieden große Eisschollen auf den Asphalt. Die Eisschollen sind unterschiedlich weit voneinander entfernt und bieten jeweils für nur einen Mitspieler Platz. Die Spielleitung malt zudem auf einer Seite eine lange Linie als Start und an der gegenüberliegenden Seite ebenfalls eine Linie für das Ziel. Die beiden Linien entsprechen zwei Küsten.
Die Mitspieler sind Pinguine und müssen nacheinander versuchen, von einer Küste zur anderen zu hüpfen, ohne neben eine Eisscholle zu springen. Springt ein Pinguin doch neben eine Eisscholle, muss er zum Start zurück und es erneut probieren. Die Spielleitung stoppt die Zeit. Der schnellste Mitspieler gewinnt das Spiel. In weiteren Runden werden immer mehr Eisschollen gestrichen, sodass die Strecke schwerer zu überwinden ist.

Variation

Dieses Spiel kann auch kooperativ gespielt werden, indem die Pinguine es gemeinsam möglichst schnell schaffen müssen, von Küste zu Küste zu kommen.

Schafft es die Gruppe in einer selbst gewählten Zeit, die Eisschollenlandschaft zu überqueren, und kann sie sich bei weiteren Versuchen nach und nach steigern?

Material

Straßenmalkreide, Stoppuhr

Gespensterloch

Die Mitspieler stellen sich im Kreis auf und fassen sich an den Händen. In die Mitte des Spielerkreises malt die Spielleitung mit Straßenmalkreide einen Kreis und in diesen Kreis ein Gespenst. Die Mitspieler versuchen nun, die anderen Spieler in diesen Kreis zum Gespenst zu ziehen. Wer einen Fuß in das Gespensterloch setzt, scheidet aus. Welcher Mitspieler ist am längsten im Spiel?

Hinweis

Die Spielleitung muss bei diesem Spiel besonders darauf achten, dass es nicht zu Raufereien kommt.

Material

Straßenmalkreide

Abenteuerspiele in der Stadt

Automarken finden

In Kleingruppen müssen die Mitspieler versuchen, innerhalb von 30 Minuten möglichst viele verschiedene Automarken in der Stadt zu finden.
Vor jedem geparkten Auto, das eine weitere Automarke aufweist, muss die Kleingruppe ein Selfie machen, auf dem die Automarke und alle Mitspieler zu erkennen sind. Welche Gruppe kann am Ende der Zeit die meisten Selfies vorlegen?

Material

pro Kleingruppe ein Smartphone

Hundenamen erraten

Die Mitspieler sitzen an einem zentralen Platz in der Stadt und beobachten Passanten.
Immer, wenn ein Passant mit Hund vorbeigeht, muss ein Mitspieler einen Tipp abgeben, wie dieser Hund heißt, und anschließend den Passanten nach dem Namen des Hundes fragen.
Wer errät am meisten Namen richtig?

Variation

Alternativ können im Sommer die Eissorten erraten werden, die Passanten gerade essen.
Wenn die Mitspieler mutig sind, können sie auch das Alter von Passanten schätzen.

Einkaufen mit Einschränkung

Die Mitspieler werden in Dreiergruppen eingeteilt. Jeder Spieler eines Dreierteams hat dabei eine Einschränkung:
Ein Mitspieler ist wegen einer Augenbinde blind, der zweite Mitspieler darf nicht sprechen und der dritte hört nichts, da er Ohrstöpsel trägt.
Gemeinsam müssen die Mitspieler nun durch die Stadt zu einem bestimmten Geschäft gehen und dort etwas einkaufen. Auf dem Weg müssen sie immer nebeneinander bleiben und aufeinander achtgeben. Welche Erfahrungen machen die Spieler unterwegs?

Hinweis

Die Spielleitung sollte die Kleingruppen zur Sicherheit sehr eng begleiten und bei drohender Gefahr sofort eingreifen.

Material

pro Dreierteam Augenbinde und Ohrstöpsel

Wer kocht mein Ei?

Jeder Mitspieler bekommt ein rohes Hühnerei. Die Mitspieler müssen in der Innenstadt versuchen, das Ei möglichst schnell hart kochen zu lassen. Dafür dürfen sie nicht in Privathaushalten, sondern nur in Geschäften, Bars und Restaurants fragen. Der Spieler, der sein Ei zuerst vor der Spielleitung schälen kann, gewinnt das Spiel.

Hinweise

Damit das Ei nicht nur eingetauscht wird, sollte dieses entsprechend markiert werden.
Nicht vergessen: Nach dem Kontakt mit den rohen Eiern die Hände waschen!

Material

pro Spieler ein rohes Hühnerei

Alles in A4

Gemeinsam gehen die Mitspieler und die Spielleitung durch die Stadt. An bestimmten Punkten hält die Gruppe an und die Spielleitung benennt Objekte, die nun in ihrer Größe geschätzt werden müssen. Dabei wird nicht die Größe in Metern und Zentimetern abgefragt, sondern die Anzahl der DIN-A4-Blätter, die dem Objekt entsprechen. Nachdem jeder Mitspieler seinen Tipp abgegeben hat, wird gemeinsam ausgemessen. Wer schätzt am besten?

Beispiele

- Papierkorb
- Länge einer Parkbank
- Eingangstür

Material

Briefpapier im Format DIN A4

Von 0 bis 100

Die Mitspieler müssen in Kleingruppen versuchen, innerhalb von 60 Minuten möglichst viele Menschen zu finden, die unterschiedlich alt sind. Jede Gruppe erhält hierfür ein Blatt Papier, auf dem die Zahlen von 0 bis 100 untereinanderstehen. Pro Zeile und Alter soll eine Person in der Stadt gefunden werden, die bereit ist, ihre Handynummer in die passende Zeile einzutragen. Bei befragten Kindern müssen das natürlich die Nummern der Eltern sein.
Nach den 60 Minuten treffen sich die Spieler mit der Spielleitung. Diese testet unterschiedliche Nummern, um zu überprüfen, ob die Angaben korrekt sind. Welche Gruppe war am erfolgreichsten und konnte die meisten Personen finden?

Material

vorbereitete Blätter mit Zahlen von 0 bis 100, Stifte

Schmuggeln in der Fußgängerzone

Die Mitspieler werden in zwei Gruppen eingeteilt: Schmuggler und Polizisten. Gespielt wird in einer langen, belebten Einkaufsstraße, die während des Spiels nicht verlassen werden darf. Vom Start aus müssen die Schmuggler innerhalb von 30 Minuten möglichst viele Tennisbälle ans Ziel (anderes Ende der Straße) bringen. Dabei dürfen sie nicht von den Polizisten erwischt werden. Schmuggler müssen keine Bälle bei sich haben und dürfen auch mehr als einen Ball transportieren. Sollte ein Schmuggler abgeschlagen werden, muss er alle Bälle abgeben, die er bei sich trägt, und zurück zum Start. Am Ende der Zeit gewinnt das Team, das mehr Bälle ins Ziel gebracht bzw. beschlagnahmt hat.

Hinweis

Dieses Spiel darf nur in einer Fußgängerzone gespielt werden, in der zur Spielzeit auch kein Lieferverkehr stattfindet. Die Spielleitung muss auf die Sicherheit der Mitspieler achten.

Material

Tennisbälle

Gedicht zusammentragen

Die Mitspieler bekommen den Titel eines Gedichtes genannt. Die Spieler müssen daraufhin in der Fußgängerzone in Kleingruppen versuchen, den vollständigen Text des Gedichtes zusammenzutragen.
Dazu sollen sie Passanten finden, die ihnen dabei helfen, aus dem Gedächtnis den Text niederzuschreiben. Auf Smartphones müssen sowohl die Spieler als auch die angesprochenen Menschen verzichten. Der Gang in eine Bibliothek oder eine Buchhandlung ist ebenso untersagt. Welches Team ist am schnellsten und kann der Spielleitung das Gedicht vortragen?

Beispiele für Gedichte

- Erlkönig (Johann Wolfgang von Goethe)
- Die Stadt (Theodor Storm)
- Septembermorgen (Eduard Mörike)

Material

pro Gruppe Stift und Papier

Bockspring-Rekord

Die Mitspieler versuchen in Kleingruppen, innerhalb von 5 Minuten möglichst viele Passanten in der Fußgängerzone zu finden, die sich hinknien, und über die alle Mitspieler einen Bocksprung machen dürfen. Die Spielleitung zählt mit, wie viele Passanten die Gruppen überzeugen konnten.

Hinweis

Die Gruppen spielen am besten mit etwas Abstand voneinander, um unterschiedliche Passanten zu erwischen.

Geld, Money und Moneten

Die Mitspieler werden in Kleingruppen aufgeteilt und haben die Aufgabe, in 30 Minuten möglichst viele Geldmünzen aus verschiedenen Ländern zu sammeln. Dazu müssen sie Passanten fragen, verlorene Münzen suchen oder eingesammelte Münzen mit anderen Passanten tauschen. Welche Gruppe kann sich am meisten überwinden, fremde Menschen anzusprechen und um Münzen zu bitten?

Hinweis

Die Spielleitung muss vor Spielbeginn mit den Spielern klären, dass Euromünzen mit unterschiedlichen Prägungen als unterschiedliche Münzen gelten.

Spiele auf dem Spielplatz

Hindernis-Parcours

Gemeinsam legen die Mitspieler einen Weg über alle Spielgeräte des Spielplatzes fest. Nacheinander versuchen alle Mitspieler, den Parcours in möglichst wenig Zeit in der korrekten Reihenfolge zu absolvieren. Welcher Mitspieler ist der schnellste?
Die Spielleitung muss bei diesem Spiel auf mögliche Gefahrenstellen achten und den Parcours gegebenenfalls entsprechend anpassen.

Material

Stoppuhr

Goldgräber

Die Spielleitung versteckt vor dem Spielstart in einem Sandkasten mehrere Goldmünzen aus Schokolade, wie es sie vor allem in der Weihnachtszeit im Supermarkt zu kaufen gibt. Auf ein Zeichen hin dürfen alle Mitspieler den Sandkasten stürmen und die Goldmünzen ausgraben. Wer ist dabei am erfolgreichsten und findet die meisten Münzen?
Nach Spielende können die Mitspieler ihre Schätze miteinander teilen und gemeinsam verspeisen.

Hinweis

In Goldfolie verpackte Schokomünzen können im Internet ganzjährig bestellt werden.

Material

in Goldfolie verpackte Schokomünzen

Langer Atem

Die Mitspieler müssen zu zweit versuchen, einen Tischtennisball eine Rutsche hinauf zu pusten. Dafür sind ein langer Atem und eine gute Taktik nötig. Die Spielleitung misst die Zeit, die jedes Paar braucht, um die Aufgabe zu schaffen.
Welchem Team gelingt die Aufgabe? Welchem Team gelingt sie in der kürzesten Zeit?

Material

Tischtennisbälle, Stoppuhr

Beine verstecken

Alle Mitspieler müssen gleichzeitig versuchen, ihre Beine und Füße möglichst schnell im Sand zu vergraben. Dabei darf nichts mehr hervorschauen.
Wem gelingt dies am schnellsten?

Murmelbahn bauen

Die Mitspieler werden in Gruppen eingeteilt.
Die Gruppen versuchen jeweils, eine möglichst lange Murmelbahn zu bauen. Dabei dürfen neben dem Sandkasten auch alle Spielgeräte wie Rutschen etc. in die Bahn eingebaut werden. Nach 30 Minuten wird die Zeit gemessen, die eine Murmel auf den Bahnen benötigt. Die Gruppe, auf deren Bahn die Murmel vom Start bis ins Ziel kommt und dafür die meiste Zeit benötigt, gewinnt.

Hinweis

Als weiteres Hilfsmittel kann jede Gruppe eine Flasche Wasser erhalten, um mit nassem Sand bessere Bahnen bauen zu können.

Material

Murmeln, Stoppuhr, evtl. pro Gruppe eine Flasche Wasser

Turmwerfen

Dieser Wettbewerb wird jeweils zu zweit gespielt. Ein Mitspieler klettert mit einem leeren Sandeimer auf einen Spielturm und muss dort versuchen, Tennisbälle, die sein Partner nach oben wirft, mit dem Eimer aufzufangen. Jedes Paar hat zehn Würfe. Welches Team kann am meisten Bälle fangen?

Hinweis

Je höher der Turm ist, desto schwieriger wird das Spiel.

Material

Sandeimer, Tennisbälle

Wasser-Rutsche

Dies ist ein Spiel für heiße Tage: Die Spielleitung lässt Wasserbomben auf der Rutsche des Spielplatzes herunterrutschen. Die Mitspieler müssen versuchen, die Wasserbomben sicher aufzufangen, ohne dass sie platzen. Kann mindestens die Hälfte der Wasserbomben gerettet werden?

Hinweis

Ersatzkleidung für alle Mitspieler und die Spielleitung ist sinnvoll.

Material

Wasserbomben

Großes Sandgemälde

Ein Mitspieler bekommt das Bild eines bekannten Gebäudes (z. B. Brandenburger Tor oder Taj Mahal) gezeigt und muss dieses auf dem Spielplatz im Sand nachzeichnen.
Die anderen Mitspieler stehen außerhalb des Sandkastens und versuchen, die Sehenswürdigkeit zu erraten.

Hinweis

Die Spielleitung kann nach und nach Hinweise geben, wenn die Mitspieler nicht erraten können, welches Gebäude in den Sand gemalt wird.

Material

Bilder von bekannten Gebäuden

Wippen-Spaziergang

Dieses Spiel wird jeweils zu zweit gespielt.
Die anderen Mitspieler haben Pause, sorgen aber währenddessen für die Sicherheit der beiden Spieler.
Die beiden Spieler starten auf den gegenüberliegenden Seiten einer Wippe. Ihre Aufgabe ist es, auf dem Balken der Wippe aufeinander zuzulaufen. Dabei sollen sie frei laufen. Schaffen sie es, sich in der Mitte der Wippe zu treffen ohne abzustürzen?

Vorsichtig schaukeln

Auf der Sitzfläche einer Schaukel wird ein Tannenzapfen abgelegt. Die Mitspieler müssen versuchen, die Schaukel möglichst hoch zu schubsen, ohne dass der Tannenzapfen herunterfällt. Welcher Mitspieler hat die beste Schaukel-Taktik und kann den Zapfen am besten auf der Sitzfläche behalten?

Material

Tannenzapfen

40

Spiele in Bus, Bahn und Auto

Helden raten

Ein Mitspieler nach dem anderen sucht sich einen Serienhelden aus und beschreibt diesen für die anderen. Die Serienhelden können dabei aus dem TV-Programm, aus Comics oder aus Büchern bekannt sein. Wer zuerst errät, um wen es sich handelt, ist als Nächstes an der Reihe.

Beispiel

Frecher Junge, der mit seinen beiden Schwestern und seinen Eltern in einer Stadt wohnt und immer die gleichen Sachen trägt: Bart Simpson

Reim dich!

Gemeinsam erfinden die Mitspieler ein Gedicht, indem immer auf den zuvor gesagten Satz ein passender Satz genannt wird. Dieser muss sich jeweils auf den Satz davor reimen. Wie lang wird das Gedicht, das so gemeinsam entsteht? Je nach Jahreszeit oder Ausflugsziel kann die Spielleitung der Gruppe ein Thema für das Bus-, Bahn- oder Auto-Gedicht vorgeben.

Beispiele für den ersten Satz

- Wir fahren heute ans Meer.
- Draußen blühen bunte Blumen.
- Vor uns fährt ein blauer Bus.

Wort-Ketten

Auf ein zusammengesetztes Wort muss jeweils ein Wort genannt werden, das mit dem zweiten Wortteil des zuvor genannten zusammengesetzten Wortes beginnt. Die Spielleitung muss dabei darauf achten, dass kein Wort doppelt genutzt wird, um eine Wiederholung der Wortkette zu vermeiden.
So entsteht eine lange Kette an Wörtern, die mit der Zeit immer kreativer werden wird.

Beispiel

Haus-Bau, Bau-Holz, Holz-Lager, Lager-Feuer ...

Selbst gebastelte Puzzles

Die Spielleitung sucht im Vorfeld der Fahrt im Internet einige Bilder vom Reiseziel. Diese druckt sie auf festem Karton aus und zerschneidet sie anschließend in mehrere Teile. So entstehen kleine Puzzlespiele, die die Spieler während der Fahrt zusammensetzen müssen. Die Spieler lernen so bereits wichtige Punkte des Ziels kennen. Die Spielleitung kann nach dem erfolgreichen Lösen des Puzzles einige Informationen zum abgebildeten Ziel vermitteln.

Material

vorbereitete Ausdrucke vom Reiseziel, Schere

Nummernschild-Geschichte

Alle Mitspieler achten auf die Nummernschilder der vorbeifahrenden Autos. Ergibt eines der Kennzeichen ein Wort (wie zum Beispiel WAL, COLT ...), wird dieses notiert.
Wurden mehrere Wörter notiert, überlegen sich alle Mitspieler gemeinsam eine Geschichte, in der diese Wörter vorkommen. Das kann eine witzige oder auch eine spannende Abenteuergeschichte werden.

Hinweis

Die Geschichte kann mit einem Smartphone aufgenommen und später, zum Beispiel auf der Rückfahrt, noch einmal angehört werden.

Material

evtl. Smartphone

Wahrsagen

Die Mitspieler müssen vor der Fahrt auf jeweils einen Zettel schreiben, welche Dinge sie glauben, auf der Fahrt zu entdecken. Während der Fahrt kann dann jeder Mitspieler die Dinge, die tatsächlich entdeckt werden, von seiner Liste streichen. Welcher Mitspieler war am erfolgreichsten im Wahrsagen?

Material

Zettel, Stifte

46

Verflixte 7

Die Mitspieler zählen reihum die Zahlen von 1 an aufsteigend auf. Dabei dürfen sie keine Zahlen nennen, die durch 7 teilbar sind oder die eine 7 enthalten. Diese Zahlen müssen durch ein beliebiges, im Vorfeld festgelegtes Wort ersetzt werden, z. B. durch „Apfelkern“. Nennt ein Mitspieler eine verbotene Zahl, scheidet er aus.
Der Spieler, der als Letztes übrig bleibt, gewinnt.

Variation

Es können auch andere Zahlen oder sogar mehr Zahlen gleichzeitig durch ein Wort ersetzt werden.

Stumme Post

Stille Post ist wahrscheinlich allen Mitspielern bekannt: Ein Wort oder ein Satz wird von Spieler zu Spieler weitergegeben, indem das Wort oder der Satz ins Ohr des Nachbarn geflüstert wird.
Die Mitspieler müssen dabei versuchen, das Wort oder den Satz fehlerfrei vom ersten zum letzten Mitspieler weiterzugeben.
Im Vergleich zur stillen Post wird bei der stummen Post nicht gesprochen. Der erste Spieler liest den Begriff von einem Zettel der Spielleitung ab und muss nun nur durch das Formen der Lippen versuchen, den Begriff weiterzugeben. Sprechen darf er dabei nicht. Welches Wort kommt am Ende heraus?

Hinweis

Dieses Spiel eignet sich auch für sehr kleine Gruppen.

Material

vorbereitete Zettel mit Begriffen

Was glitzert da?

Jeder Mitspieler erhält ein Stück Alufolie. Nacheinander hat nun jeder Mitspieler 60 Sekunden Zeit, um einen Gegenstand seiner Wahl aus diesem Stück Folie zu formen. Die anderen Mitspieler müssen erraten, welchen Gegenstand der Spieler geformt hat. Der Spieler, der das Kunstwerk errät, ist als Nächstes an der Reihe.

Material

Alufolie

49

1, 2: Aufregen!

Dies ist ein Spiel für echte Wortakrobaten: Die Spielleitung gibt einem Spieler ein Thema vor, über das dieser sich aus dem Stegreif zwei Minuten lang richtig aufregen soll. Dabei darf keine Lücke in seinem Vortrag entstehen. Dies ist nicht nur für die Mitspieler, sondern auch für alle anderen Beteiligten lustig anzusehen.

Mögliche Themen

- Butterpreise
- Farbe des Busses
- Schriftgröße einer Werbeanzeige

ISBN 978-3-7698-2358-5

ISBN 978-3-7698-2359-2

ISBN 978-3-7698-2357-8

ISBN 978-3-7698-2313-4

ISBN 978-3-7698-2312-7

ISBN 978-3-7698-2314-1

ISBN 978-3-7698-2228-1

ISBN 978-3-7698-2290-8

ISBN 978-3-7698-2291-5

ISBN 978-3-7698-2289-2

ISBN 978-3-7698-2260-1

ISBN 978-3-7698-2261-8

ISBN 978-3-7698-2262-5

ISBN 978-3-7698-2227-4

ISBN 978-3-7698-2162-8

ISBN 978-3-7698-2226-7

ISBN 978-3-7698-2161-1

ISBN 978-3-7698-2160-4